Des **rivages** qui **changent**

Directrice de collection : Denise Gaouette

Pamela Jennett

Table des matières

La terre rencontre l'eau

Vue de l'espace, la Terre ressemble
à une petite planète bleue.
La Terre semble bleue, car l'eau recouvre
une grande partie de sa surface.
On voit aussi des masses terrestres sur la Terre.

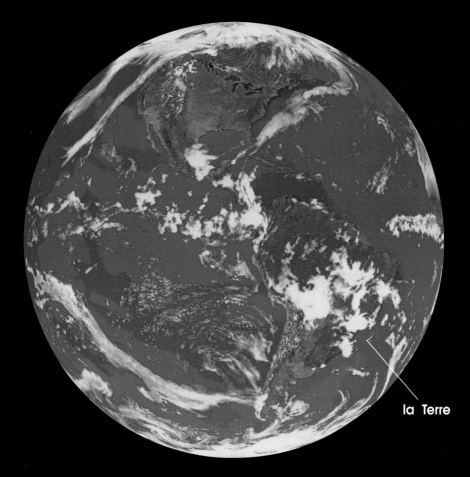

la Terre

▲ Les masses de terre et d'eau vues de l'espace

Chaque masse terrestre a une forme particulière.
L'endroit où la terre rencontre l'eau
s'appelle la « ligne de rivage ».
La ligne de rivage d'un océan
est souvent appelée la « côte ».

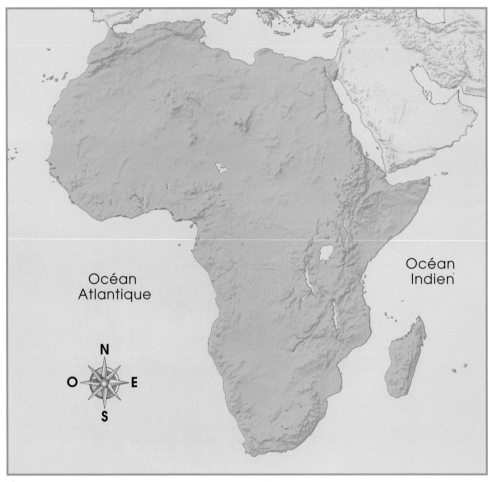

▲ La masse terrestre de l'Afrique

Plusieurs pays ont des **rivages**,
car l'eau les touche.
Certains pays n'ont pas de rivage,
car l'eau ne les touche pas.

▲ La Bolivie et le Paraguay n'ont pas de rivage.

Les rivages changent

Comme la Terre, les rivages changent toujours.
Le vent et les vagues frappent la terre.
Ils usent les rochers et déplacent le sable.
On appelle cela l'**érosion**.

▼ Les vagues frappent les rochers.

L'érosion transforme la terre.
Avec les années, l'érosion transforme
les rochers en sable.
Un rivage peut devenir une plage de sable.

Une plage de sable peut changer aussi.
Le sable peut se déplacer
dans différentes directions.

Le vent déplace le sable.
La plage n'a plus une surface unie.

une langue de sable

Parfois, du sable s'accumule près du rivage.
Quand le sable rejoint le rivage,
il forme une **langue de sable.**

Quand le vent forme un amas de sable
sur un rivage, cet amas peut devenir une **dune.**

une dune

9

Il y a des rochers et des falaises
sur certains rivages. Certains rochers
sont plus tendres que d'autres.
Avec les années, l'eau et le vent
usent les rochers tendres.
Finalement, il ne reste que les rochers durs.

une arche

un éperon

Des vagues puissantes peuvent découper
des grottes et des **arches** dans les rochers.
Longtemps après, les arches peuvent s'écrouler
et laisser seulement un **éperon** debout.

Un rivage qui change rapidement

Il faut des centaines ou des milliers d'années
pour qu'un rivage change.
Mais certains rivages changent rapidement.

La côte de Holderness en Grande-Bretagne
est le rivage qui s'use le plus rapidement.

La côte de Holderness change tout le temps.
Chaque année, la ligne de rivage s'use un peu plus.
Le rivage a beaucoup reculé.

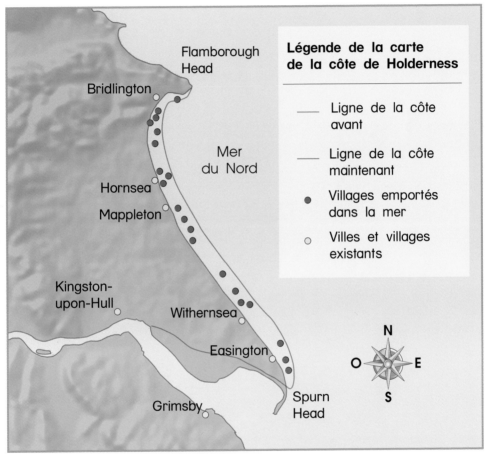

Légende de la carte de la côte de Holderness

Ligne de la côte avant

Ligne de la côte maintenant

Villages emportés dans la mer

Villes et villages existants

▲ Plusieurs villages côtiers sont emportés dans la mer.

Les rochers des falaises sont tendres
le long de la côte de Holderness.
Ils se fendent et tombent dans l'eau.
Les falaises glissent dans la mer.

Des grottes se forment dans les rochers tendres.

Quand des morceaux de falaise se détachent,
ils entraînent dans la mer des routes,
des maisons et d'autres constructions.

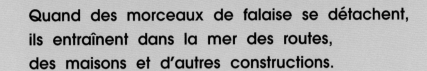

Les gens voient la côte
changer en quelques heures.

Avant, il y avait une église au bord d'une falaise.
La falaise s'est écroulée.
Maintenant, l'église repose au fond de la mer.

La côte de Holderness change encore.
Les habitants continuent d'y vivre.
Ils protègent leurs maisons et la terre
contre l'érosion.

Les habitants construisent des murs
pour arrêter l'érosion.

Des tempêtes qui laissent des traces

Un **ouragan** est une tempête
accompagnée de vents violents,
de pluie battante et de hautes vagues.
Les ouragans peuvent transformer
ou détruire rapidement le rivage et la terre.

En 1992, l'ouragan Andrew balaie
la Floride et la côte du golfe du Mexique.
C'est l'un des pires ouragans
à frapper cette partie du monde.

l'ouragan Andrew

▲ Cette photographie prise par satellite
montre la taille de l'ouragan Andrew.

L'ouragan Andrew frappe les petites îles situées au large de la côte de la Louisiane. Le vent, la pluie et les vagues transforment plusieurs rivages de ces îles.

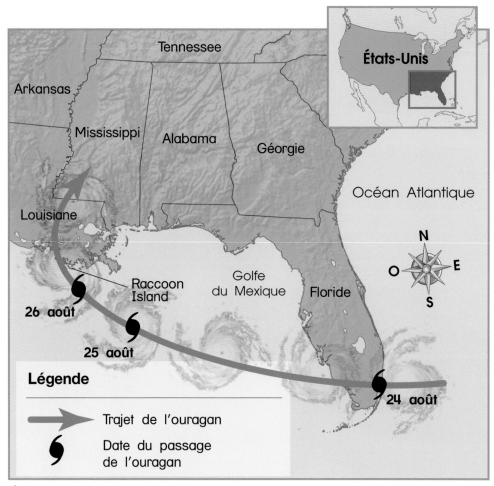

▲ L'ouragan Andrew se déplace de l'océan Atlantique au golfe du Mexique.

Toute la plage de Raccoon Island est emportée.
La ligne de rivage change du jour au lendemain.

▼ Avant l'ouragan Andrew

▼ Après l'ouragan Andrew

Toujours en changement

Les lignes de rivages de la Terre
changent continuellement.
Certains changements sont lents.
D'autres changements sont rapides.
L'érosion par le vent et l'eau va continuer
de changer les lignes de rivages.

Glossaire

arche	une structure recourbée en forme d'arc
dune	une colline ou un amas de sable formé par le vent
éperon	la structure d'un rocher resté debout après l'écroulement d'une arche
érosion	l'usure de la terre par l'eau ou le vent
langue de sable	une pointe de sable étroite qui se forme dans une étendue d'eau
ouragan	une tempête avec des vents violents et beaucoup de pluie
rivage	une partie de la terre qui borde la mer

Index